Tim, petit vétérinaire

Boubou est né !

tu lis je lis

Mes premiers romans à lire à deux

(Dès le premier trimestre du CP)

Un lecteur confirmé lit l'histoire
avec l'enfant qui apprend à lire.
Mais c'est l'apprenti lecteur
qui lit les dialogues, car ils ont été conçus
spécialement pour lui.

L'éditeur remercie Christophe Dupuy,
professeur des écoles, qui a testé cette histoire
avec les élèves de sa classe de CP.

ISBN : 978-2-7470-5702-8
Dépôt légal : octobre 2015
Loi n° 49-956 du 16 juillet 1949 sur les publications destinées à la jeunesse.

Achevé d'imprimer en octobre 2015 par Pollina
85400 LUÇON - N° Impression : L73920
Imprimé en France

Tim, petit vétérinaire

Boubou est né !

écrit par Laurence Gillot

illustré par Séverine Cordier

bayard poche

C'est le soir et, dehors, il y a de l'orage.
Le téléphone sonne chez le docteur Plume.
Quand le vétérinaire raccroche, il explique tout à son fils Tim.

– C'était Marc. Sa jument Molly va mettre au monde un petit ! J'y vais !

Tim bondit sur ses pieds.

– Je peux venir avec toi, Papa ?

Tim et son papa arrivent dans la cour de la ferme.
Marc les attend avec un parapluie.

**– Merci docteur d'être arrivé aussi vite.
Venez avec moi !**

Par terre, il y a de grandes flaques d'eau boueuses.

– Aïe ! Je dérape !

Molly est couchée dans la paille. Elle gémit*.

– Je vais lui faire une piqûre pour la soulager*.

Tim s'accroupit à côté de la jument, il lui caresse la tête et lui parle à l'oreille.

– Courage, Molly ! Ton bébé sera là très vite.

Le docteur Plume ne trouve pas le médicament contre la douleur dans son sac.

– Tim, il y a une boîte verte dans la voiture. Peux-tu me la rapporter s'il te plaît ?

Tim se lève d'un bond.

– Je fonce !

Sous la pluie, Tim farfouille* dans le coffre de la voiture.

 **– Je l'ai !**

Soudain, un éclair zèbre* la nuit.
Le tonnerre gronde très fort.
Tim sent son cœur qui bat dans sa poitrine.

– Je n'aime pas les orages !

Tim court vers l'écurie...

... et il glisse. Tim est par terre dans la boue. La boîte de médicament, sous sa main, est toute aplatie.

– Oh non, j'ai cassé les ampoules* !

Tim file expliquer à son papa ce qui lui est arrivé.

Le docteur Plume pense aussitôt à madame Cortina, la pharmacienne du village.

– Va sonner chez madame Cortina. Elle habite au-dessus de sa boutique.

– Ce soir, je dois battre mon record de vitesse pour Molly !

Tim court le plus vite qu'il peut sous la pluie.

Au moment où il arrive devant la pharmacie, un nouvel éclair éclaire le ciel.

– Ouf, je suis arrivé !

À la pharmacie, il sonne, mais personne ne répond.

– Madame Cortina, ouvrez !

Pourtant, il y a de la lumière au premier étage.
Tim tambourine à la porte.

– Venez, s'il vous plaît !

Soudain, Tim a une idée.
Il grimpe à la vigne qui recouvre la façade de la maison !

 **– Mes bottes sont pleines de boue.**

Tim manque de tomber à plusieurs reprises.

– Il faut que j'y arrive !

Tim a grimpé jusqu'au premier étage !
Il regarde par la fenêtre, la pharmacienne est là.

– Oh zut, elle écoute de la musique avec un casque !

Tim frappe à la vitre et agite la boîte verte.
La pharmacienne le remarque enfin.

– Mon père veut ce médicament pour la jument de Marc !

Quand Tim revient à la ferme avec les ampoules, il est trempé, mais heureux.

– Merci Tim, tu es formidable. Tu as réussi malgré l'orage !

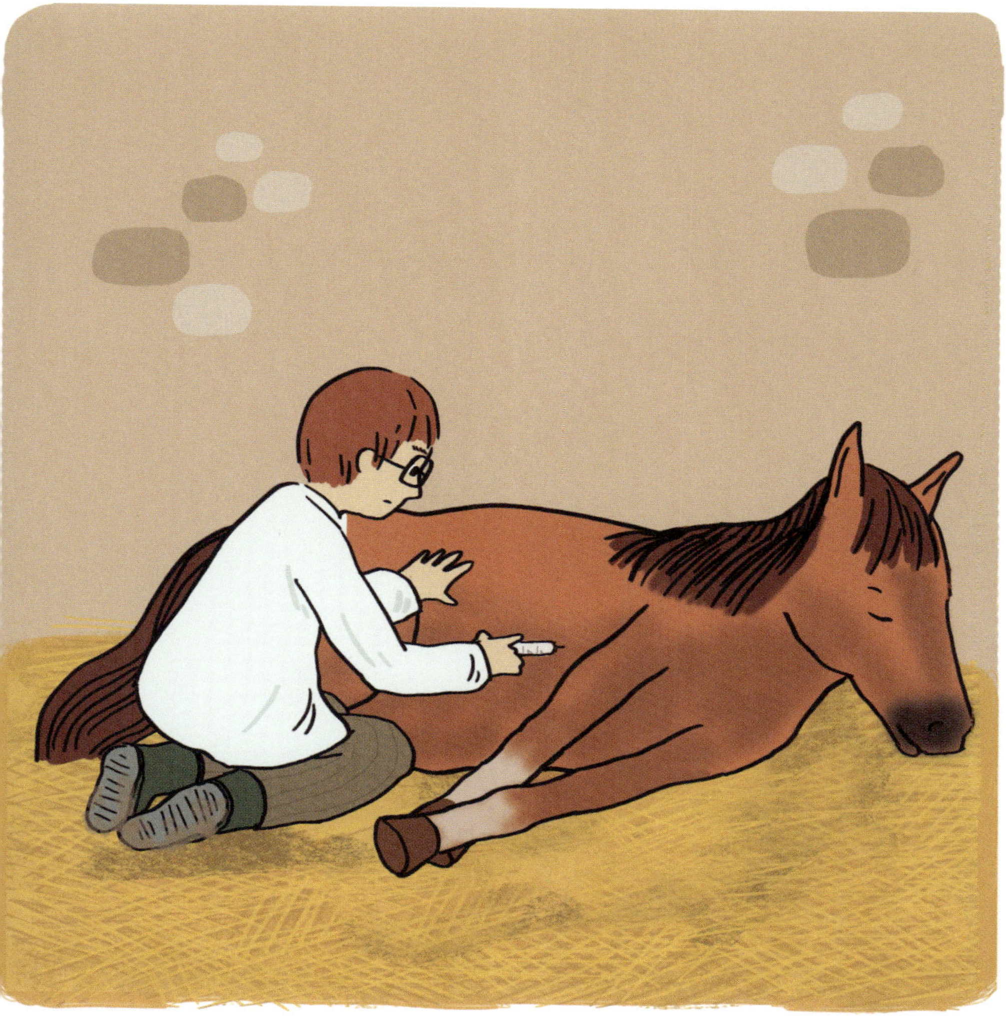

Et aussitôt, le vétérinaire fait la piqûre
à la jument.

– Courage, Molly, tout va bien aller maintenant.

Pendant l'accouchement, Tim caresse la tête de Molly.

– Tu es la jument la plus forte de la terre entière !

Quand le bébé naît, Tim est bouleversé.
Son papa, aussi.

– C’est un mâle.

Molly lèche son poulain.

– Comment allez-vous l'appeler ?

Un grand sourire illumine le visage de Marc.

– Boubou, en souvenir de ta chute dans la boue !

bayard

DÈS LE CP

tu lis je lis

Mes premiers romans à lire à deux

Déjà parus :

1. L'ami de Naoki
2. Laisse-moi entrer, poulette !
3. Les mots de Papi s'envolent
4. Une belle découverte
5. Un éléphant pour mes 7 ans
6. Un amour de vampire
7. La pêche aux étoiles
8. À l'eau, Lili !
9. Tu es triste, Jojo ? (Tim, petit vétérinaire, 1)
10. Mais où sont passées nos affaires ?
11. Tu seras un grand roi comme papa !
12. Oh crotte, encore des carottes ! (Les filous du CP,
13. Olo s'est échappé ! (Tim, petit vétérinaire, 2)
14. Dépêche-toi, Milo !
15. Le cheval de Lucas (Le crayon magique,1)
16. C'est si bon d'être grognon ! (Les filous du CP, 2)

mes premiers J'AIME LIRE

Les débuts de la lecture autonome

Réfléchir et **comprendre**
la vie de tous les jours

Rire et **sourire**
avec des personnages insolites

Se faire peur et **frissonner**
de plaisir

Rêver et **voyager**
dans des univers fabuleux

Se lancer dans des aventures
pleines de rebondissements